I0206529

PRÉCIS DES DÉLIBÉRATIONS DE L'ADMINISTRATION PROVINCIALE DU BERRI,

APPROUVÉES PAR LE ROI,

Relatives a la confection des Chemins et a la suppression des Corvées;

Extrait de ses procès-verbaux, imprimés avec permission de SA MAJESTÉ.

M. DCC. LXXXV.

PRÉCIS
DES DÉLIBÉRATIONS DE L'ADMINISTRATION PROVINCIALE *DU BERRI.*

Relatives aux Chemins & à la ſuppreſſion des Corvées.

L'UTILITÉ des chemins eſt reconnue, & la maniere d'en aſſurer la confection & l'entretien ont depuis quelque tems attiré l'attention du Public & la vigilance du Gouvernement. La ſenſibilité du Monarque qui nous gouverne pour ſes Sujets, lui avoit fait adopter, avec joie, un plan dont le but étoit de ſupprimer à jamais le travail gratuit & forcé. Ce n'eſt point à l'Adminiſtration particuliere d'une Province à juger les opérations du Gouvernement ; auſſi celle du Berri n'a-t-elle point cherché à apprécier cette Loi paternelle, qui n'a pas eu ſon effet, ni les raiſons qui en ont rendu l'exécution impraticable, & ont déterminé à rétablir le travail en nature ; elle ſavoit que cet ancien uſage n'avoit été rétabli qu'à regret par le Souverain, que *proviſoirement*, & qu'il étoit de ſon devoir d'examiner la méthode à ſuivre pour diriger un des détails qui lui étoient confiés, d'autant plus intéressant pour le Berri, que cette Généralité centrale manquoit de débouchés & de communications, tant intérieures, qu'avec les autres Généralités. Mais plus l'objet étoit important, plus il exigeoit d'être médité, & plus l'Administration Provinciale a redouté des innovations prématurées; elle a donc voulu examiner toutes les méthodes, peser tous les avantages & tous les inconvéniens de chacune avant de former un plan qui pût être proposé au Gouvernement; elle a employé à ces recherches les tenues de 1778 & de 1779, & ce n'est qu'en 1780, qu'elle a déterminé une marche solide & constante, revêtue en 1781 de la sanction de l'autorité souveraine, & dont les succès lui ont mérité, à sa tenue de 1783, des témoignages authentiques de satisfaction de la part de Sa Majesté.

Dès 1778, le Bureau chargé des travaux publics jetta un premier coup d'œil sur la tâche qui lui étoit imposée. « Les communications dans un grand Etat (dit-il) sont un » besoin politique de premiere nécessité; & depuis quelques » années, le Gouvernement semble mettre ce qui y a » rapport sous les yeux de la Nation, comme s'il eût voulu » exciter son zele à lui exprimer son vœu sur les moyens les » plus faciles d'en obtenir. *Faut-il employer la Corvée?* » *Faut-il la rejetter? Peut-on la rejetter en partie, & en* » *partie l'admettre?* Peut-on enfin (si on la conserve) en » écarter les abus au point de la rendre une institution qui » n'excite plus la tendre & juste pitié de l'humanité »? Telles étoient les questions qui se présentoient à examiner. Parmi les Membres du Bureau, quelques-uns parurent pencher pour la conservation de la Corvée, parce qu'ils croyoient que l'Etat lui devoit des communications utiles, qui, sans elle, n'eussent pu être exécutées; & en rendant justice au motif de la Loi qui l'avoit abolie, ils alleguerent qu'elle n'avoit pu être effectuée, & qu'elle avoit excité la réclamation des Cours souveraines, qui n'avoient jamais enregistré l'usage des Corvées pour les chemins, & que l'Edit qui rétablit par provision l'ancien usage observé pour la réparation des grands chemins, ne fit que rendre la discussion plus forte. « Que » les adversaires de la Corvée lui reprochoient la dureté » d'un travail gratuit & forcé, ses abus & la lenteur des » travaux ; que les défenseurs de la Corvée soutenoient » qu'une classe particuliere de la société, partageant ses » avantages, pouvoit être justement soumise à une portion » de la charge publique ; qu'en repartissant le travail par » tâche, l'intérêt du travail & celui du travailleur deve- » noit le même ; & qu'en assignant ces tâches par Paroisse, » il est bien plus aisé de prévenir les abus & les vexations ; » qu'on ne peut, au surplus, accuser les travaux de la » Corvée de lenteur en voyant les superbes chemins qu'elle » a ouverts dans le Royaume.

» Qu'avant de se décider à remplacer la Corvée par une » contribution pécuniaire, il faut l'envisager en elle-même, » & telle qu'elle peut être, & dégagée des abus qui s'y » étoient introduits contre le vœu du Gouvernement ; que » par-là on ramenera la question à deux points à examiner :

Quels moyens procurera la contribution ?

Quels moyens donnera la Corvée ?

» Qu'en Berri la contribution ne peut excéder 274,000 l.

» Que l'entretien des chemins déja faits doit » coûter environ 54,000

» Qu'il ne resteroit pour les chemins neufs à ouvrir annuellement, que . . . . 220,000 l.

» Et que les 184 lieues de chemins reconnus utiles exi-
» geroient un eſpace de quarante ans pour être faits, au lieu
» que . . . . 320,000 journées
» & . . . . 96,000 voitures
» que donnoit la Corvée, préſentoient des forces bien plus
» conſidérables. »

L'aſſemblée de 1778 crut, en conſéquence, devoir remettre à d'autres tenues la ſuite d'un examen ſi important, & continua proviſoirement l'ancien uſage, mais en réglant « *que les tâches ſeroient diſtribuées par Paroiſſes ou* » *Communautés, & qu'on leur laiſſeroit le choix de les faire* » *exécuter par tels moyens qu'elles aviſeroient.* »

En 1779, l'Aſſemblée Provinciale reprit cet examen eſſentiel; & un des Membres du Bureau des travaux publics, dans un Mémoire qu'il lut à l'Adminiſtration réunie, obſerva que, « ſans ſe livrer à des diſſertations hiſtoriques » ſur la Corvée, inutiles au bonheur des peuples, auquel » l'Aſſemblée doit tout le tems de ſes ſéances, on ne pou- » voit s'empêcher de regarder la Loi qui avoit abrogé la » Corvée (fut-elle prématurée) que comme méritant l'hom- » mage & la reconnoiſſance des ames ſenſibles, en reſpec- » tant celle qui exiſtoit, & qui avoit rétabli l'ancien uſage, » mais *proviſoirement* : Loi où le Souverain en la rendant, » & les Cours en l'enregiſtrant, ont paru, avec ſoin, s'abſ- » tenir de prononcer le mot de Corvée, comme s'ils avoient » craint de conſacrer légalement un uſage qui n'a peut-être » dû ſa perpétuité qu'à défaut de méthodes préférables; que » ce ne ſeroit point, ſans doute, la premiere des Adminiſtra- » tions paternelles établies dans le Royaume, qui prendroit » ſur elle de rendre permanent un poids dont le vœu du » Monarque ſemble être de décharger ſes peuples ; que,

» par une *contribution pécuniaire*, on feroit concourir, ſoit » directement, ſoit indirectement, à la confection & à l'entretien des chemins, toutes les claſſes qui en profitent, » ſans bleſſer aucun des privileges qui méritent d'être reſpectés à titre de juſtice; que, par ce moyen, on pourroit » plus aiſément ſuivre plus long-tems les travaux d'une même » route, & l'achever plus promptement; & qu'en employant » utilement les talens des Ingénieurs des Ponts & Chauſſées, » l'Adminiſtration Provinciale pourroit, à l'inſtar des autres » Provinces qui ſurveillent elles-mêmes leurs travaux, établir des Commiſſaires chargés de ce ſoin.

» Que la charge de { 320,000 journées / 96,000 voitures } Evaluées en tout modérément montoit à.... } 624,000# » en ne comptant point même 200 Paroiſſes que leur éloignement des routes qui ont été faites n'a pas permis d'appeller à des travaux en nature, & que l'expérience atteſte » que chaque année cette reſſource, malgré ſon étendue, » n'a jamais produit plus de trois lieues de routes neuves » au-delà de l'entretien de celles exiſtantes, malgré le zele » de M. l'Intendant pour les chemins, & l'activité des Ingénieurs; qu'au contraire, en évaluant même chaque » lieue l'une portant l'autre à 30,000 livres,

» on en pourra faire ſix par an, pour. . . . . 180,000 l.

» Et qu'en employant en outre à l'entretien » annuel. 70,000

» La Province n'auroit à ſupporter que. . . 250,000 l.

» Au lieu de 624,000 livres, & ſeroit » ſoulagée de plus de. 374,000

» Que l'Adminiſtration verroit s'achever en 30 ans les » 184 lieues qui paroiſſent néceſſaires à ouvrir ſans avoir à » s'affliger des moyens qu'elle mettroit en œuvre pour vivifier

» la Généralité confiée à ses soins; & qu'elle employera » encore avec avantage les fonds que le Roi accorde chaque » année pour les travaux de charité qu'elle dirigeroit de la » maniere la plus utile ».

On proposa aussi à l'Assemblée Provinciale, dans la même tenue, le plan d'une *corvée mixte*, suivant lequel les Communautés continueroient d'être commandées pour les travaux, mais en attribuant à chaque journée de manœuvre un salaire de six sols; & un prix de vingt-cinq sols pour chaque voiture attelée de deux chevaux ou quatre bœufs, ce qui exigeroit un fonds annuel de 225,000 livres, & conservant la masse des forces de la corvée, pourroit en dix ans faire les chemins qui, par d'autres voies, en exigeroient trente. On présenta aussi un projet d'emprunt annuel & des vues pour faire face aux intérêts & à l'amortissement du capital emprunté, & l'examen des divers plans, malgré le vœu qui paroissoit pencher pour la suppression de la corvée, parut, vu son importance, devoir n'être suivi encore d'aucune résolution définitive; & ce fut en 1780 qu'elle eut lieu, après avoir supplié le Roi de s'expliquer sur les bases qu'il permettroit de donner à une *contribution pécuniaire*, si elle étoit adoptée par l'Administration Provinciale & approuvée par lui. Le cœur paternel de Sa Majesté qui desiroit voir réaliser, au moins en partie, son premier vœu d'abolir l'usage des corvées pour la confection des chemins, fut touché du zele de l'Assemblée Provinciale; & son Commissaire le lui témoigna (1).

(1) « Le Roi (dit-il) a vu avec satisfaction que dans les tenues de 1778 & 1779, » vous vous êtes occupés des travaux publics comme d'un objet qui méritoit de » votre part le plus sérieux examen; & la difficulté que vous avez eue à vous » résumer sur cette importante matiere, lui a paru l'effet naturel de l'application &

C'est

C'eſt donc en 1780 que l'Adminiſtration chargea ſon Bureau des travaux publics de la mettre en état de former

---

» du zele qu'il ſe promet de vous dans tous les tems pour ce qui intéreſſera le bon-» heur des peuples.

» Sa Majeſté veut bien encore ſoumettre à la diſcuſſion le choix des moyens » qui ſeront jugés les plus convenables pour y parvenir. Elle me charge cepen-» dant de vous faire obſerver que le maintien des corvées qui obligent ſi ſouvent » de recourir à l'autorité, ſeroit bien difficile à concilier avec l'eſprit d'une Admi-» niſtration Provinciale qui doit ſingulierement s'occuper du plus grand avantage » des peuples.

» En même tems le Roi a cru néceſſaire de vous faire connoître ſes intentions » ſur la maniere d'établir la contribution deſtinée à la confection des routes.

» Le projet d'y fournir par une impoſition acceſſoire aux Vingtiemes, ne ré-» pondroit pas aux vues de juſtice qui dirigent Sa Majeſté, parce que les frais de » confection & d'entretien des routes retomberoient alors en entier ſur les proprié-» taires ſeuls, tandis que toutes les autres claſſes de ſes Sujets partageroient avec » eux les avantages qui en réſultent.

» La capitation, perſonnelle de ſa nature, ſuit la réſidence des contribuables; » la meſure en eſt quelquefois déterminée par leur qualité plus que par leur fortune, » & priſe pour baſe de la contribution aux chemins, elle n'atteindroit pas ſûre-» ment les propriétaires en raiſon de leurs propriétés, ni dans les lieux où elles » ſont ſituées. Cet impôt ne peut donc ſervir de regle pour l'impoſition des cam-» pagnes, & ne deviendroit utile que pour fixer la répartition dans les Villes » franches où les particuliers ſans biens-fonds établiſſent ordinairement leur ſéjour.

» La taille affecte les propriétés & les perſonnes, de même que les chemins, » donne plus de valeur aux biens & à l'induſtrie; elle eſt ſupportée directement » par les ſimples Citoyens, & indirectement par les Eccléſiaſtiques, les Nobles » & les Exemts qui la paient ſous le nom de leurs fermiers & contribuent actuelle-» ment aux chemins.

» Ces différentes conſidérations ont fait juger à Sa Majeſté qu'une impoſition » additionnelle à la taille dans les campagnes, & à la capitation dans les Villes » de Bourges & d'Iſſoudun devroit être préférée à toutes les autres pour fournir » aux frais de conſtruction & d'entretien des routes, parce que s'étendant ſur un » plus grand nombre de Contribuables, elle adoucira le fardeau en le diviſant » davantage.

» Cet ordre de choſes ne préſente d'exceptions réelles qu'en faveur d'un petit » nombre d'Eccléſiaſtiques, de Nobles & d'Exemts qui feroient valoir leurs biens » par eux-mêmes dans les limites & ſuivant la nature de leurs privileges.

» Sa Majeſté a déja manifeſté ſon deſir de diminuer le nombre des Exemts dans un vœu définitif; en conséquence, ce Bureau dit à l'Assemblée dans cette tenue :

« Vous avez reconnu que la corvée coûtoit au Berri un » travail en nature, qui, pour la totalité des Paroisses, peut » monter à environ 70,000 liv. par an, quoiqu'elle n'eût » produit chaque année que trois lieues de nouvelles routes, » & vous avez regretté que de si grands efforts n'eussent » conduit qu'à de si foibles résultats. D'autre part, cette » Généralité riche en denrées, mais pauvre en numéraire, » vous a présenté peu de moyens pour accélérer, par la voie » de l'impôt, les communications qui lui sont nécessaires, » s'il falloit, pour y parvenir, des sommes égales à celles » que représentent les travaux actuels; heureusement des » calculs & des essais vous ont appris qu'avec 340,000 liv. » vous feriez construire annuellement trois & quatre fois » plus de routes que la corvée n'en a jamais pu faire cons- » truire, & concevoir alors qu'il existoit, pour faire les » chemins, des moyens praticables, autres que la corvée : » vos cœurs n'ont pas balancé à la proscrire, & s'il fut dé- » terminé dans vos premieres tenues de conserver un travail » en nature, ce fut en le dépouillant de tout ce que les » formes anciennes présentoient d'odieux & d'injuste, en cher-

» toute l'étendue de son Royaume; & Elle attend du zele connu du Clergé & de » la Noblesse qu'ils dédommageront le reste des contribuables du vuide produit » dans l'imposition des chemins par l'exercice de leurs priviléges, soit en ajoutant » dans les différens cantons qu'ils habitent, des secours volontaires aux fonds que » Sa Majesté Elle-même destine aux atteliers de charité, soit en se livrant aux autres » objets d'utilité publique qui leur seroient indiqués par le besoin des peuples & » l'état de la Province » (1). *Extrait du Discours du Commissaire du Roi à l'Assemblée Provinciale, à l'ouverture de sa tenue de 1780.*

(1) L'espoir de Sa Majesté n'a pas été trompé; le Clergé, la Noblesse & les Exemts ont, 1°. contribué aux travaux de charité. 2°. ont offert des dons volontaires qui montent à près de quarante mille écus, & qui ont été employés à divers objets d'utilité publique.

» chant à le faire exécuter par les voies les plus douces ;
» & laissant aux Paroisses la liberté de faire travailler à prix
» d'argent; ainsi votre premier pas dans l'exercice de vos
» fonctions, vous a donné des droits imprescriptibles à la
» reconnoissance des peuples : ce sentiment se transmettra
» des peres aux enfans; & si jamais votre administration
» paternelle leur étoit enlevée, il leur resteroit ce souvenir
» éternel : ELLE A DÉTRUIT LA CORVÉE ; mais il vous
» restoit à prendre un parti définitif sur les moyens de la
» remplacer, il étoit difficile qu'il ne se présentât pas sur
» cet objet des vues différentes ; l'amour même du bien
» devoit les faire naître : au milieu de l'union la plus parfaite
» des cœurs, les esprits se trouverent divisés par des opi-
» nions particulieres; leur choc parut tenir de la chaleur,
» mais ce n'étoit que celle qu'inspire le zele; aussi tous les
» vœux se réunirent-ils sur la proposition de recourir au
» Souverain. Votre attente n'a pas été trompée; le Roi, en
» vous dirigeant sur les bases de la contribution pécuniaire,
» si vous l'adoptez, vous laisse encore la même liberté sur
» le choix des moyens de parvenir à la confection des
» chemins ».

Le Bureau en exposa quatre.

PREMIER MOYEN.

Travaux distribués aux Paroisses par forme de tâches.

« Des tâches, équitablement réparties entre les Commu-
» nautés de la Province & les individus de chaque Paroisse,
» conserveroient à la vérité l'image du travail en nature;
» mais ce seroit pour ménager aux redevables la faculté de
» les acquitter de la maniere la plus analogue à leur posi-
» tion & à leur goût.

SECOND MOYEN.

Adjudications des travaux par attelier, correſpondantes à la contribution des Paroiſſes qui y ſeroient attachées.

« Cette méthode tend à faire ſupporter par les Commu- » nautés une contribution en argent, qui les libéreroit d'un » travail en nature; elle conſolera les peuples en leur mon- » trant l'emploi de leur contribution; elle bannira cette mé- » fiance & ces ſoupçons dont ils ont été tourmentés, qu'on » ne perpétuât les travaux, que pour perpétuer leurs charges, » autoriſés à faire verſer le prix des adjudications formées » de leurs contributions des mains des Collecteurs dans celles » des Adjudicataires; ils n'en verront point le montant » groſſir par des frais diſpendieux. Une impoſition générale » leur fait craindre peut-être que les deniers n'en fuſſent un » jour divertis à d'autres uſages. Une *taxe locale* ne laiſſera » au Gouvernement lui-même aucun moyen d'en changer » l'emploi. Cet ordre de choſes multipliera les Adjudica- » taires particuliers qui s'aſſocieront les manœuvres de chaque » canton, qui convertiront les travaux des routes en un » moyen de ſubſiſtance univerſelle, & la contribution aux » chemins regagnée par chaque Paroiſſe, deviendra pour » elle le patrimoine public de l'indigence.

TROISIEME MOYEN.

Impoſition générale.

« L'impoſition générale eſt le moyen le plus ſimple de » remplacer l'ancien régime; elle ne laiſſera pas même ſub- » ſiſter l'uſage révoltant d'un travail forcé & ſans ſalaire;

» elle opérera par un même principe ſur tous les contri» buables, & les atteindra dans les proportions qui ſeront » déterminées; elle écartera les détails qu'entraînent les » autres méthodes, & ne laiſſera plus qu'à décider le » meilleur emploi des fonds publics & à le ſurveiller; mais » elle préſente en même tems deux inconvéniens qui mé» ritent d'être peſés avec ſa commodité & ſon avantage: le » premier eſt d'allarmer par l'idée d'une impoſition perma» nente; le ſecond de mettre toute cette partie de la manu» tention publique dans les mains des Prépoſés des routes ».

QUATRIEME MOYEN.

Emprunts.

« Pluſieurs Provinces ont employé & employent encore » la voie des emprunts pour fournir aux dépenſes de la » conſtruction des chemins; l'Artois & le Languedoc en » offrent des exemples. Dans le cas d'une impoſition géné» rale vous pourriez adopter cette voie, & attribuer à » chacun des arrondiſſemens de la Généralité une portion » d'intérêt qui fût proportionnée à ſa contribution, l'impo» ſition ſeroit moindre, la Province ſeroit ſoulagée, & les » chemins ſeroient faits beaucoup plus vite; les denrées » augmentant enſuite de valeur fourniront, par leur plus » value, aux rembourſemens & aux arrérages, de ſorte qu'à » proprement parler les frais des chemins ſeroient pris ſur » leur produit; mais l'Adminiſtration Provinciale du Berri » a-t-elle acquis cette conſiſtance qui lui permet d'eſſayer » ſon crédit en grand & d'ouvrir des emprunts conſidé» rables ? un emprunt borné deſtiné à une partie de chemin » qu'on voudroit accélérer par des ſecours extraordinaires, » vous éclaireroit ſur vos moyens & vos reſſources ».

Après avoir pesé les avantages & les inconvéniens de ces quatre moyens, l'Assemblée Provinciale a cru devoir accorder la préférence au plan d'*adjudications partielles de travaux correspondantes aux contributions locales* des Paroisses attachées à chaque attelier, qui en écartant les dangers inséparables de l'imposition générale, & les embarras des tâches données en nature, peut apporter dans les travaux la plus utile économie, montre aux Paroisses l'emploi de leurs contributions, les fait lever à peu de frais, & donne la facilité de multiplier les atteliers.

Ensuite elle a jugé convenable de diviser la Généralité en cinq départemens de travaux publics, en affectant un sous-Ingénieur à chacun, outre l'Ingénieur en chef, & d'établir des Commissaires desdits travaux (à l'instar de ceux du Languedoc (1)) qui, pris dans chaque Canton, parmi les propriétaires de tous ordres, trouvent dans la confection des chemins de leur arrondissement, l'intérêt particulier uni à l'intérêt public, union que la sagesse des Administrateurs doit toujours tendre à opérer.

Il y a aussi des Conducteurs, mais en petit nombre, & bien moins considérable que celui des Piqueurs que la méthode des Corvées, ou même que celle des tâches faites à prix d'argent entraîne avec elle.

Le Réglement proposé par ladite Province a été approuvé,

(1) L'établissement de Commissaires des travaux publics introduit en Languedoc & adopté en Berri, est un des moyens les plus propres à assurer, pour la confection des chemins, une vigilance repartie dans tous les points des travaux & une grande économie. L'administration des chemins du Boulonnois peut aussi fournir des vues pour la suppression des corvées à certains égards, & des moyens de faire concourir même dans les Généralités où il n'existe point d'Administrations Provinciales, à la fixation des directions de chemins à adopter, comme dans les travaux des routes déjà approuvées & ordonnées par le Roi, les propriétaires dont les lumieres ne peuvent être étrangeres, ni les soins indifférens aux détails de ce genre.

& l'Arrêt du Conseil du 13 Avril 1781 (1), fixé les regles à observer pour les travaux publics.

Le succès a répondu aux espérances du Berri & aux desirs de ses Administrateurs.

En trois ans, depuis la suppression de la Corvée, comme il résulte du tableau des travaux de 1781, 1782 & 1783,

il y a eu:
- 34,096 toises 1 pouce de chemins entierement neufs,
- 4,778 toises 5 pieds 8 pouces de chaussées perfectionnées,
- 121,488 toises 5 pieds de chaussées à réparer,
- & 75,422 toises de chaussées entretenues.

La lieue de 2000 toises de chemin neuf de premiere classe de 42 pieds entre les fossés, & de 18 pieds d'empierrement, a coûté l'une portant l'autre. . 24,945# 16s 8d

La lieue réparée à neuf. 3,691 13 4

L'entretien a été, en partie, confiée à des stationnaires, en partie donné à bail; on ne peut encore bien constater cette dépense, mais bientôt on sera à même d'en fixer le montant avec exactitude (2)

C'est en vain qu'on pense que les Corvées pour les chemins ne peuvent être entierement supprimées dans les pays qui ne sont ni pays d'Etats, ni pays d'Administrations Provinciales; on convient des facilités que cette forme donne à ces Provinces; mais les pays dits d'Elections ou Généralités ordinaires peuvent arriver à ce but (3), & certaine-

---

(1) Voyez cet Arrêt ci-après.

(2) Voyez ci-après un tableau détaillé des travaux.

(3) On ose penser, d'après l'expérience, que pour supprimer les corvées dans les Genéralités où il n'y a point d'Administrations Provinciales, il est à desirer

ment le Recueil des Mémoires que va publier l'Académie de Châlons fournira des vues qui mettront sur la voie de cette réforme si désirée du Souverain & des Peuples.

1°. Qu'un Comité de Propriétaires des divers Cantons éclaire la détermination des Directions, par les connoissances des besoins locaux.

2°. Que, pour faciliter ce travail, ce Comité s'occupe de faire dresser une carte itinéraire de la Généralité où chaque classe de chemins sera désignée.

3°. Que la Généralité soit divisée en plusieurs départemens.

4°. Qu'il y ait un Ingénieur attaché à chacun d'eux.

5°. Qu'il y ait dans chaque Département plusieurs districts, & dans chaque district plusieurs Commissaires des travaux publics.

6°. Qu'il y ait un nombre suffisant de conducteurs.

7°. Que les Conducteurs soient subordonnés aux Commissaires des travaux publics.

8°. Que les Ingénieurs aient tous les détails d'art, fassent les devis & procès-verbaux.

9°. Qu'une contribution locale fixée tous les dix ans, d'après l'apperçu du travail à faire pendant cet intervalle, préférable à une imposition fixe & permanente, soit établie pour solder les travaux.

10°. Que cette contribution soit levée par des Collecteurs particuliers, passe directement de leurs mains dans celles des Adjudicataires, & corresponde à des adjudications partielles dont elles formeront le paiement.

11°. Que la base de la répartition de la contribution aux travaux publics soit le principal de la taille de chaque Paroisse.

12°. Que les seuls Commissaires des travaux publics soient chargés de cette levée d'après un rôle rendu exécutoire par M. l'Intendant, & reçoivent les travaux.

13°. Que le Comité général des travaux publics, formé des propriétaires des divers cantons, chargé seulement d'éclairer sur la direction des routes ne s'assemble que tous les deux ans.

14°. Que quelques Membres de ce Comité puissent former un Bureau permanent, mais dont les membres se renouvelleroient peu à peu, pour correspondre avec les Commissaires des travaux publics sur l'emploi de la contribution, & les détails journaliers relatifs aux routes.

15°. Qu'il soit établi un Syndic des travaux publics, chargé de rassembler tous les détails des travaux & de leur comptabilité, ainsi que d'en remettre au nom du Bureau permanent le résultat à M. l'Intendant, pour être par lui pris les ordres du Conseil, qu'il transmettroit lui-même au Comité général des travaux publics & au Bureau permanent, par la voie du Syndic.

ARRÊT

ARREST
DU CONSEIL D'ÉTAT DU ROI,

QUI ordonne que les travaux des grandes routes qui s'exécutoient ci-devant par corvée dans la Généralité de Berri, le seront à l'avenir à prix d'argent.

Du 13 Avril 1781.

Extrait des Registres du Conseil d'Etat.

LE ROI s'étant fait rendre compte des délibérations qui ont été prises par l'Administration du Berri, sur la maniere de parvenir à la construction & à l'entretien des routes de la Généralité, dans l'assemblée tenue par son ordre à Bourges dans le courant des mois d'Octobre & de Novembre 1780, auroit reconnu que ces délibérations avoient principalement pour objet de faire exécuter à prix d'argent, & par la voie d'adjudications correspondantes aux contributions des Paroisses, les travaux qui s'exécutoient ci-devant par corvée ; qu'en déterminant la somme qui pourroit être annuellement employée auxdits travaux, sans surcharge pour les peuples, elles traçoient la maniere de la répartir entre les Paroisses, suivant leur situation & leurs intérêts respectifs, & entre les individus à raison de leurs biens & facultés : qu'elles présentoient des moyens d'exécution assortis à ce nouvel ordre, & des mesures sages pour que les travaux soient désormais soumis à une surveillance habituelle & conduite avec activité ; que les articles de réglement, rédigés en conséquence par ladite assemblée, embrassoient tous les détails relatifs à la levée des deniers, à l'adjudication & à la réception des travaux, ainsi qu'à l'entretien des parties de routes conduites à la perfection ; & voulant Sa Majesté revêtir de son autorité des délibérations qui semblent également se concilier avec ses vues de bienfaisance pour la classe la plus malheureuse de ses sujets, avec l'état présent de la Province & la justice due aux différentes classes de propriétaires & de journaliers : Oui le rapport ; LE ROI ÉTANT EN SON CONSEIL, a ordonné & ordonne ce qui suit :

ARTICLE PREMIER.

LES travaux des grandes routes qui s'exécutoient ci-devant par corvée dans la Généralité de Berri, le seront à l'avenir à prix d'argent, & seront adjugés au rabais en présence de l'Ingénieur ou du sous-Ingénieur de chaque département.

II.

LES travaux seront portés sur toutes les routes arrêtées au Conseil de Sa Majesté, dans la forme qui avoit lieu ci-devant pour la distribution des corvées, en continuant de les diviser par atteliers, de maniere que chaque Communauté puisse connoître & suivre l'emploi de sa contribution en argent, sur la partie de route qu'elle eût ci-devant exécutée par corvée.

III.

LES Paroisses concoureront aux travaux des routes par

une contribution en argent, fixée entre le tiers & le quart du principal de leur taille, pour les lieux taillables, & de leur capitation pour les villes de Bourges & d'Iſſoudun; enſorte que les Paroiſſes les plus nombreuſes ne contribuent pas au-delà du tiers, les moins nombreuſes au-deſſous du quart du principal de leurdite taille, ſauf les Paroiſſes qui, n'ayant pas encore été appellées à la conſtruction des routes, à raiſon de leur éloignement, n'y concoureront que pour un ſixieme, le tout conformément au tarif ci-annexé, qui a été arrêté par l'Aſſemblée provinciale de mil ſept cent quatre-vingt, pour le terme de dix années, & pour la ſomme de deux cens trente-ſix mille neuf cens livres.

I V.

La contribution particuliere de chaque Communauté ſera répartie ſur tous les taillables indiſtinctement, au marc la livre du principal de la taille; & dans les villes de Bourges & d'Iſſoudun, au marc la livre de la capitation, de maniere pourtant que les plus bas cottiſés ne paient pas moins de la valeur d'une journée, réduite au prix commun de 15 ſols, & qu'il ne ſoit établi aucune taxe ſur les pauvres impoſés à moins de dix ſols de taille ou de capitation.

V.

Les deniers de ladite contribution ſeront payés par les contribuables en trois termes, au quinze Avril, quinze Juillet & quinze Novembre, & levés par les Collecteurs des tailles ou tels autres que les Communautés voudront choiſir, ſinon pris & nommés d'Office par la Commiſſion intermédiaire, pour être verſés de leurs mains dans celles des Adjudicataires. Les rôles de répartition feront faits fur papier commun, rendus exécutoires par la Commiffion intermédiaire, & s'ils ne pouvoient être dreffés fans frais, il fera ajouté à la fomme principale quarante fols pour les rôles de cent cottes & au-deffous, deux livres dix fols pour ceux qui contiendront plus de cent & jufqu'à deux cens cottes, & ainfi de fuite, à raifon de dix fols par cent cottes; il fera de plus impofé fix deniers par livre pour la taxation du Collecteur.

V I.

LA contribution ci-deffus de deux cens trente-fix mille neuf cens livres ne fera employée qu'aux routes de pofte de la Province, & à celles qui, traverfant une grande partie de la Généralité, aboutiront à fes Villes principales, aux Ports des rivieres navigables & aux Provinces voifines.

V I I.

LES autres chemins fervans à la communication des Villes & Communautés, feront accordés fur les demandes defdites Villes ou Communautés, ou des Seigneurs, foit eccléfiaftiques, foit laïques, en confidération de l'utilité des chemins demandés & des fecours offerts pour leur conftruction, auquel cas il pourra y être placé des atteliers de charité.

V I I I.

LA largeur des chemins devant être proportionnée à leur deftination, celles des routes de pofte continuera d'être de fept toifes entre les foffés, conformément à l'Arrêt du Confeil du 6 Février 1776, avec un empierrement de trois toifes. La largeur des autres routes, à la charge de la Province, fera de cinq toifes avec un empierrement de quinze pieds,

& il ne ſera accordé d'attelier de charité pour tous les autres chemins, qu'à la charge de réduire leur largeur à quatre toiſes avec un empierrement de quinze pieds, ſi le chemin aboutit à une des Villes conſidérables de la Province, & de douze par-tout ailleurs.

I X.

NE ſera néanmoins fait aucun changement aux routes conſtruites, ou dont la largeur eſt déterminée par des travaux fort avancés ; & pour celles même qui ſont à faire, les largeurs fixées en l'article précédent pourront être réduites ſur les penchans des montagnes & dans les endroits où la conſtruction des chemins préſente des difficultés extraordinaires, & entraîneroit des dépenſes très-fortes, en prenant d'ailleurs toutes les précautions néceſſaires pour prévenir tous les accidens. Il en ſera au ſurplus uſé comme par le paſſé, & conformément aux Réglemens, pour tout ce qui concerne la conſtruction & la ſolidité des routes.

X.

LES routes qui ſeront ordonnées pour la communication des Provinces entr'elles, ſuivront, dans la Généralité de Berri, la direction qui aura été déterminée par Sa Majeſté, après avoir entendu l'Aſſemblée provinciale ; quant aux chemins particuliers à la Province, ils ſeront propoſés par ladite Aſſemblée, & il ne ſera travaillé à leur ouverture & conſtruction qu'après l'approbation de Sa Majeſté.

X I.

IL ſera préſenté tous les deux ans à l'Aſſemblée provinciale, un état détaillé des ouvrages exécutés ſur chaque partie de route, depuis ſa derniere ſéance, & le tableau de ceux qui y reſteront à faire, avec la déſignation des atteliers qui ſe trouveront établis ou qu'il conviendra d'y établir, en ſorte qu'elle ſache diſtinctement comment ont été conſtruits & entretenus les chemins & autres ouvrages publics déja faits, qu'elle voye l'emploi des deniers qui ont dû y ſervir, & qu'elle puiſſe propoſer en pleine connoiſſance de cauſe les travaux qu'elle jugera les plus importans à entreprendre juſqu'à l'aſſemblée ſuivante.

XII.

Il ſera pareillement rendu compte des travaux faits avec les fonds de charité, tant de ceux qui auroient été propoſés par l'Aſſemblée précédente, que ceux qui l'auroient été par la Commiſſion intermédiaire, ſur les fonds dont ladite Aſſemblée n'auroit pas indiqué l'emploi.

XIII.

La Commiſſion intermédiaire réglera le nombre & l'emplacement des atteliers ſur les différentes routes : elle tiendra la main à ce que les plans & devis ſoient dirigés avec clarté, à ce que les travaux de chaque attelier correſpondent exactement aux contributions des Paroiſſes qui y ſeront attachées; à ce qu'ils ſoient adjugés, exécutés & reçus, conformément aux regles qui ſeront établies ci-après; à ce que les Communautés & les particuliers acquittent exactement leur contribution ; elle aura ſeul le droit de juger les conteſtations relatives, tant à la répartition & à la levée des deniers, que l'adjudication, la conſtruction & la réception des travaux; & ſeront ſes Ordonnances exécutées par proviſion, ſauf l'appel au Conſeil.

X I V.

Les Commiſſaires des travaux publics de chaque Département, nommés par l'Aſſemblée générale, ſe réuniront pour procéder conjointement à l'adjudication & à la réception des travaux; adreſſeront à la Commiſſion intermédiaire les procès-verbaux des adjudications, auſſi-tôt qu'elles auront été faites; ſurveilleront reſpectivement les routes qui ſeront le plus à leur portée, & ſuivront ſur les lieux l'inſtruction des affaires particulieres qui pourroient leur être envoyées par la Commiſſion intermédiaire.

X V.

Les Conducteurs principaux ou particuliers qui deviendroient néceſſaires pour ſuivre les travaux des Adjudicataires, & rendre compte de l'état des routes, ſeront nommés ainſi que deſtituables par l'Adminiſtration Provinciale ou ſa Commiſſion intermédiaire, & jouiront des gages qui leur ſont attribués par elles, ſous le bon plaiſir de Sa Majeſté.

X V I.

Les devis eſtimatifs ſeront faits par l'Ingénieur en chef ou les ſous-Ingénieurs des différens Départemens, & remis par l'Ingénieur en chef à la Commiſſion intermédiaire, avant la fin de Janvier de chaque année. Ces devis renfermeront toutes les indications néceſſaires ſur la nature du terrein, la ſituation des carrieres, leur diſtance, l'eſpece & qualité des matériaux, leur prix, tant pour l'extraction que pour le tranſport, & celui de la main-d'œuvre relative aux différens ouvrages, enſorte que cette appréciation détaillée approche le plus qu'il ſera poſſible de la dépenſe qu'il y aura à faire.

XVII.

LES adjudications des travaux de chaque attelier ſe feront en préſence des Syndics des Paroiſſes dont les contributions y ſont employées, ou iceux appellés au jour qui ſera indiqué, à celui ou ceux qui feront la condition meilleure; à la charge par les Adjudicataires d'exécuter exactement les devis, ſans s'en écarter ſous quelque prétexte que ce ſoit, de renoncer à toute ſorte d'indemnité, pour raiſon des cas fortuits ou autre cauſe, & de ne recevoir aucune ſomme par forme d'avance ou à compte, que les travaux ne ſoient commencés : pourront néanmoins les Commiſſaires des travaux publics remettre l'adjudication à huitaine ou quinzaine, s'ils le jugent à propos, relativement aux circonſtances.

XVIII.

NUL ne pourra ſe préſenter pour les travaux, ni même être admis à faire des offres, s'il n'eſt reconnu capable & ſolvable au jugement de MM. les Commiſſaires chargés des adjudications.

XIX.

LES adjudications ſeront annoncées quinze jours d'avance, par des affiches ou publications dans les Paroiſſes, afin que les Syndics prennent connoiſſance des travaux des atteliers, qu'ils les indiquent aux Entrepreneurs ou Adjudicataires de chaque canton, & fourniſſent, pour l'intérêt commun, les moyens d'obtenir les ſoumiſſions les plus avantageuſes; & ſi les encheres procurent des rabais ſur les prix des travaux, le bénéfice provenant ſera employé en moins impoſé impofé fur les Paroiffes de chaque attelier, au marc la livre de leur contribution : dans le cas, au contraire, où les ouvrages ne pourroient être adjugés qu'au-deffus de l'eftimation portée par le devis, il y fera pourvu par une réduction de travail ou par l'affignation fur les fonds de l'année d'après, de la fomme qui excéderoit les contributions de l'année courante.

X X.

S'IL y avoit néceffité & utilité de faire quelque changement dans l'exécution des devis, il en fera rendu compte à la Commiffion intermédiaire, & ledit changement ne pourra être fait qu'en vertu de fes ordres par écrit.

X X I.

LES travaux des Adjudicataires feront infpectés par l'Ingénieur de la Province, & les fous-Ingénieurs de chaque Département, lefquels vifiteront les atteliers le plus fouvent qu'il leur fera poffible.

X X I I.

LES Entrepreneurs feront payés en trois termes : le premier dans le courant de Mai, à la charge par eux d'avoir établi leur attelier & commencé d'y travailler ; le fecond dans le courant de Juillet, à la charge que tous les matériaux feront fur place & employés en partie ; le troifieme à la fin de Novembre, après la réception des ouvrages, & feront faits les deux premiers paiemens fur le vu du certificat du fous-Ingénieur, en fon abfence, du Conducteur principal ou particulier, & en vertu des mandemens qui feront délivrés par les Commiffaires des travaux publics, qui feront défignés à cet effet dans les rôles des Paroiffes.

XXIII.

Il sera procédé dans les formes déterminées par les Réglemens, à la réception des ouvrages par les Commissaires des travaux publics de chaque département, au jour qui sera indiqué par eux dans le courant d'Octobre. L'Ingénieur en chef ou les sous-Ingénieurs se transporteront à cet effet sur les routes, & y feront faire, aux frais des Entrepreneurs, les sondes qui seront nécessaires pour s'assurer de la bonne construction & de la qualité des matériaux, conformément au devis. Ils en dresseront leur rapport au procès-verbal, sur lequel le jugement de réception sera rendu & signé par les Commissaires, pour le tout être envoyé à la Commission intermédiaire, & déposé au Greffe de l'Administration provinciale.

XXIV.

Lorsque quelque partie de chemin sera en état de perfection, les Commissaires des travaux publics, de concert avec la Commission intermédiaire, & suivant ses instructions, en passeront des baux d'entretien, en faisant correspondre à cette partie de dépense, la contribution d'une ou plusieurs Communautés voisines qu'il sera plus commode d'y appliquer, & seront lesdits baux passés après les affiches & publications convenables, en suivant les formes déterminées pour les constructions neuves.

XXV.

Avant qu'il ne soit procédé auxdits baux, il sera dressé le procès-verbal le plus circonstancié de l'état desdites parties de routes, de la largeur & de la profondeur des ſoſſés qui les bordent, de la hauteur des chauſſées, de l'état des murs de ſoutenement & autres ouvrages qui peuvent être à la charge de la Province, afin que ledit procès-verbal ſerve de regle à l'Entrepreneur de l'entretien du chemin, & ne ſeront paſſés leſdits baux qu'en fourniſſant par les preneurs bonne & ſuffiſante caution.

XXVI.

SERONT leſdits Entrepreneurs tenus d'entretenir en tout tems les routes en l'état où ils les auront reçues, d'empêcher que les riverains n'empiétent ſur les foſſés, n'y dépoſent des fumiers ou autres matieres qui pourroient gêner le cours des eaux, de combler avec des pierres ou bon gravier les trous ou ornieres à meſure qu'il s'en formera, d'y faire tous les chargemens néceſſaires pour que le chemin ait toujours la même régularité, uniformité & bombage, d'ôter & écraſer à la maſſe les cailloux & pierres mouvantes qui ſe trouveront ſur les routes, & d'enlever tous les matériaux, décombres, fumiers, bois, brouſſailles & autres choſes qui pourroient embarraſſer la voie.

FAIT au Conſeil d'Etat du Roi, Sa Majeſté y étant, tenu à Verſailles le treize Avril mil ſept cent quatre-vingt-un. *Signé* GRAVIER DE VERGENNES.

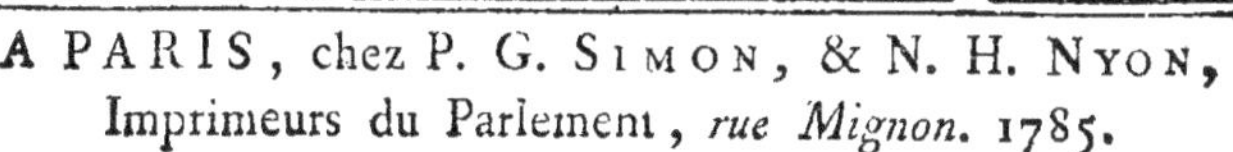

A PARIS, chez P. G. SIMON, & N. H. NYON, Imprimeurs du Parlement, *rue Mignon*. 1785.

Relevé des Adjudications faites dans les trois années 1781, 1782 & 1783, sur les différentes Routes de la Généralité de Bourges.

Routes.	Chaussées à faire à neuf.			Chaussées à faire en partie			Chaussées à réparer.			[illegible]		Entretien de chaussées de pavé.				Augmentations prévues dans les Devis.	Récapitulation par route.			
	Nombre de Toises.	Estimations.	Prix des Adjudications.	Nombre de Toises.	Estimations.	Prix des Adjudications.	Nombre de Toises.	Estimations.	Prix des Adjudications.	Nombre de Toises.	Contributions appliquées.	Nombre de Toises à relever à bout.	Nombre de Toises à repiquer.	Estimations.	Prix des Adjudications.		Montant général des Ouvrages.	Nombre de Paroisses appliquées en 1781.	en 1782.	en 1783.
de Paris à Lyon							9882	13303lt 3s 6d	13038lt 19s 7d	8562	3317lt [illegible]	1441	3178	7714lt 17s 1d	6115lt 8s 4d		22531lt 7s 11d	32	5	29
de Paris à Toulouse	1480 4	18967lt 1s 9d	16036lt [illegible]				14795 4	167669 9 6	148668	34194	14030	796	693 3	3071 5 2	2883		181607	183	164	177
de Bourges à Paris par Gien	3165 3 5	67183 11 4	64110 10	648 3 8	3804lt 10s 3d	3203lt	8448	10591 16 8	9667			48 4	770	861 5 10	574 10	158lt 6s	77715	83	84	83
de Bourges à Clermont par S. Amand	3284 5	40058 15 6	33926 17				15171 2	18866 18 5	17190	6513	3635	91		865 10 6	648	706	54105 17	98	66	110
de Bourges à Tulles par la Châtre	3252	44827 12 11	43424									317	1383 3	1310 19 1	1420 4 8	830	45474 4 8	69	52	63
de Bourges à la Charité	3371 2	34739 8 2	35133	187 2	320 11 9	470	19788	18169 13 6	17026 4	10174	6705 12	333 3	932 3	2153 18 11	1964 13	1169 9	56188 18	82	59	46
de la Charité à Varzy	911 2 6	9616 12 6	7980 10														7982 10		28	14
de Bourges à Châteauroux	4119	37728 2	36075									798 4	1880 2	3109 5 11	2938	110	39183	40	36	38
du Blanc à Poitiers	1856 1	40633 5 7	18463	3945	8192 2 8	7475	1912	2179 14	1502								47440	39	39	39
de Tours à Châteauroux	1084	19194 14 3	15080				1111	3075 16 3	2571 9							600	18132 9	10	10	10
de Châteauroux à la Châtre	2647	33775 10 3	37726				329	652 3 3	770							61	38557	37	37	15
de la Châtre à Culan	477	16104 14 11	12970														12970		45	33
de Donzy à Cosne	731 1	6990 8	4764 14														4764 14		5	5
de Bourges à Vierzon	2026 3 2	33475 14 9	29601 10				10051 5	24009 17 7	17820	6001	741 9	997 4	1837 4	3858 6 3	3904 10		52047 9	33	71	41
de Châteauroux à Selles	870	15699 7 4	13890													400	14190	4	5	7
du Blanc à Blois par Azay	1799	20886 18 7	20422 10 2														20422 10 2	13	13	13
	34096 1	439996lt 15s 4d	405723lt 11s 2d	4778 3 8	12317lt 4s 8d	11050lt	121488 5	164721lt 14s 8d	124293lt 12s 7d	75422	28419lt 1s	4749 3	11773 1	23045lt 6s 10d	20298lt 6s	4144lt 9s	693928lt 19s 9d	723	713	723

OBSERVATIONS.

Les Adjudications des Chaussées neuves montent pour les trois années 1781, 1782 & 1783, à 405723lt 11s 2d

Les Matériaux approvisionnés par la Corvée antérieurement à 1781, & employés dans la construction de ces Chaussées, sont évalués dans les détails estimatifs à 19523 6 2

TOTAL de la Dépense effective 425246lt 17s 4d

Les 34096 toises de Chaussées neuves adjugées dans les trois années, reviennent, sur le pied de cette dernière somme, à 12lt 9s 5d ½ la toise courante, & la lieue de 2000 toises, à 24945lt 16s 8d.

La dépense des Réparations revient à 36s 11d la toise courante.

A l'égard de l'entretien, il n'est pas possible d'en évaluer, quant à présent, la dépense annuelle, d'après le montant des contributions qui y ont été appliquées :

1°. Parce que l'entretien n'ayant commencé qu'à mesure que les réparations ont été achevées, la durée n'en est pas égale sur les différentes parties de routes.

2°. Parce que les matériaux qui y ont été employés proviennent en partie des approvisionnemens que les Entrepreneurs des réparations ont été obligés de laisser, suivant les Devis, sur les accotemens des parties réparées.

www.ingramcontent.com/pod-product-compliance
Lightning Source LLC
Chambersburg PA
CBHW060606050426
42451CB00011B/2114

9782014503111